22

페르세우스의 마지막 모험

주니어RHK

신화의 가치

신화는 한 민족의 기원이나 역사적 · 종교적 · 문화적 삶의 모습을 보여 주는 옛이야기입니다. 주로 신과 영웅에 관한 이야기가 많고, 오랫동안 입에서 입으로 전해 내려왔다는 특징이 있지요.

우리가 살펴볼 그리스 로마 신화는 고대 그리스와 로마에 전해 오는 신화와 전설을 한데 묶은 것입니다. 그리스 로마 신화는 고대의 삶을 엿보게 해 주는 문화유산일 뿐만 아니라, 세계 여러 나라의 문학과 미술에 큰 영향을 끼쳤습니다. 하지만 문화적 가치만큼이나 중요한 것이 또 있습니다. 오래된 옛이야기이면서도 거기에 담긴 교훈적 가치가 오늘날에도 여전히 쓸모 있고 중요하다는 사실입니다.

놀랍지 않나요? 수천 년 전의 이야기가 어떻게 과학 문명이 고도로 발달한 오늘날에도 통하는 것일까요? 그것은 바로 그리스 로마 신화에 나오는 신과 영웅의 모습이 오늘날 우리의 모습과 다르지 않기 때문입니다. 신들도 우리처럼 분노하고, 질투하고, 실수를 하지요. 그런 모습을 보면서 우리는 깔깔 웃거나 눈물을 흘리고, 교훈과 감동을 얻습니다. 우리가 그리스 로마 신화를 읽어야 하는 까닭이 바로 이것입니다.

신화의 세계로 떠날 여러분에게 한마디 덧붙이자면, 신화는 우리에게 끝없는 상상력을 요구한다는 점입니다. 신화 속에는 수많은 은유와 상징이 곳곳에 널려 있지요. 따라서 신화를 읽을 때에는 상상력을 최대한 발휘하여 신화 속에 숨겨진 의미를 찾고, 그것을 자기 나름대로 재해석하는 과정이 필요합니다. 이렇게 읽었을 때에야 비로소 여러분 앞에 놀라운 삶의 이야기가 펼쳐질 것입니다.

자, 그럼 흥미진진한 신화의 세계 속으로 함께 떠나 볼까요?

안드로메다 공주를 바다 괴물로부터 구해 낸 페르세우스는

공주와 결혼을 앞두게 됩니다.

하지만 초대하지 않은 자가 나타나고, 잔치는 엉망이 됩니다.

과연 페르세우스는 공주와 결혼을 할 수 있을까요?

페르세우스는 마지막으로 어떤 모험을 겪게 될까요?

주요 등장인물

폴리덱테스 왕

세리포스라는 작은 섬의 왕이에요.
다나에를 보고 반해서
결혼하자고 졸라요.
욕심이 많고 교활해요.

다나에

아크리시오스 왕의 딸이에요.
아들 페르세우스를
무척 아끼고 사랑해요.
꿋꿋하고 당찬 성격이에요.

피네우스

안드로메다의 약혼자예요.
겁이 많고 자신의 이익만 챙겨요.
비겁하고 약삭빨라요.

페르세우스

다나에와 제우스의 아들로
순진하고 용감한 청년이에요.
안드로메다를 구한 뒤 함께
어머니가 계신 곳으로
돌아가요.

안드로메다

에티오피아의 공주로
무척 아름다워요.
페르세우스 덕분에 살아난 뒤
둘이 사랑하게 돼요.

1
초대받지 않은 손님

"안드로메다 공주는 나와 약혼한 사이입니다!
그러니 이 결혼은 인정할 수 없습니다!"

페르세우스는 바다 괴물을 물리치고, 안드로메다를 구했습니다.

그 사실을 아직 모르고 있던 에티오피아 백성들은 바다 괴물에게 끌려갔을 공주를 생각하며 슬픔에 잠겨 있었습니다.

"불쌍한 공주님. 나라를 살리고 잡혀가셨어."

"공주님을 데려간 뒤에도 그 못된 괴물이 또 나타나면 어떡하지?"

"설마 그럴 리야 있겠나. 어휴."

그때였습니다.

"안드로메다 공주님이 살아나셨다!"

바닷가에서 페르세우스가 바다 괴물을 물리치는 광경을 본 사람이 부리나케 달려와 기쁜 목소리로 외쳤습니다. 그는 사람들에게 젊은 용사 페르세우스의 눈부신 활약을 낱낱이 알렸습니다.

"지금 왕궁에서 잔치가 벌어진다고 하네! 다 같이 가서 축하하세!"

케페우스 왕은 무사히 돌아온 안드로메다와 공주를 구한 페르세우스를 환영하는 잔치를 열었습니다. 사람들도 모여들어 큰 박수를 보냈습니다.

"자, 모두 마음껏 먹고 즐겨도 좋소."

케페우스 왕은 사람들에게 페르세우스와 안드로메다의 결혼을 발표했습니다.

"공주가 살아 돌아올 줄은 꿈에도 몰랐는데 이 젊은이가 나타나 괴물을 물리치고 공주를 구했소.

이처럼 용감한 젊은이를 사위로 맞아 무척 기쁘오!"

사람들은 나라를 살린 멋진 영웅과 아름다운 공주의 결혼식을 마음을 다해 축하했습니다. 모두 푸짐하게 준비된 음식을 먹고 즐기며 기쁨을 나누었습니다.

페르세우스와 안드로메다는 무척 행복했습니다.

바로 그때였습니다. 연회장 문이 벌컥 열렸습니다. 문을 연 사람은 안드로메다와 *약혼을 했던 피네우스였습니다. 피네우스는 수많은 병사들을 거느리고 연회장에 나타났습니다.

"나는 이 결혼에 찬성할 수 없소!"

피네우스의 외침에 사람들이 웅성거렸습니다. 페르세우스와 안드로메다도 놀랐습니다. 케페우스 왕이 나서서 말했습니다.

"피네우스. 자네, 지금 무슨 짓인가?"

피네우스는 방 한가운데로 걸어가더니 큰 소리로 외쳤습니다.

*약혼 결혼하기로 약속함.

"안드로메다 공주는 나와 약혼한 사이입니다! 그러니 이 결혼은 인정할 수 없습니다! 왕이시여, 공주를 제게 다시 돌려주십시오!"

그러자 페르세우스가 나서서 말했습니다.

"나는 바다 괴물을 물리치고 안드로메다 공주를 구했소. 왕께서도 이미 우리의 결혼을 허락하셨소."

"넌 나서지 마라! 어디서 온지도 모르는 떠돌이를 어찌 믿는단 말이냐!"

피네우스가 받아쳤습니다. 그러자 케페우스 왕이 말했습니다.

"피네우스, 자네가 내 딸을 진정 사랑했다면, 내 딸이 산 제물로 묶여 있을 때 나섰을 것이다. 그때 자네는 어디에 있었는가? 왜 그때는 가만히 있었지? 그러고도 공주의 약혼자라고 내세울 수 있겠는가? 그대와 내 딸의 약혼은 이미 그때 깨어졌도다!"

하지만 피네우스는 들은 척도 하지 않았습니다.

안드로메다가 자리에서 일어나 말했습니다.

"쇠사슬에 묶였을 때 저는 이미 죽은 것이나 다름없었습니다. 페르세우스 님 덕분에 다시 살아났고요. 그러니 저는 페르세우스 님과 결혼하겠어요. 그러니 그만 돌아가 주세요."

그 말을 들은 피네우스는 불같이 화를 냈습니다.

"뭐? 인정할 수 없다! 저놈을 죽이고 공주를 데려가겠다!"

피네우스는 페르세우스를 가리키며 자기가 데려온 병사들에게 외쳤습니다.

"저놈을 잡아라!"

병사들은 우르르 몰려들었습니다. 사람들은 놀라 이리저리 피하고 방 안은 *아수라장이 되었습니다.

*아수라장 싸움이나 그 밖의 다른 일로 큰 혼란에 빠진 곳. 또는 그런 상태.

피네우스는 그 틈을 놓치지 않고, 페르세우스에게 긴 창을 던졌습니다. 하지만 창은 페르세우스에게 닿기도 전에 바닥에 떨어졌습니다.

페르세우스도 지지 않고 피네우스를 향해 창을 던졌습니다. 피네우스는 재빨리 *제단 뒤로 몸을 숨겼습니다.

피네우스가 데려온 병사들이 칼과 창을 꺼내 들고 페르세우스에게 덤비기 시작했습니다. 페르세우스도 칼을 쥐고 맞서 싸웠습니다.

*제단 제사를 지내는 단.

순식간에 방 안은 전쟁터가 되었습니다. 페르세우스는 있는 힘을 다해 싸웠지만 병사들의 수가 너무 많았습니다. 이렇게 싸우다가는 도저히 이길 수 없을 것 같았습니다.

페르세우스는 점점 힘이 빠졌습니다

'안 되겠다, 이대로 가다간 지고 말겠어.'

피네우스는 멀찍이 떨어져서 킬킬대며 그 광경을 지켜보았습니다.

2
돌이 된 피네우스

"내 편인 사람은 모두 눈을 감고 고개를 돌리시오!"
페르세우스는 마법 자루를 열고 메두사의 머리를 꺼내
높이 치켜들었습니다.

페르세우스는 빗발치는 화살을 피하면서 마법 자루를 꺼내 들었습니다. 그러고는 재빨리 안드로메다에게 다가가 속삭였습니다.

“안드로메다, 곧 메두사의 머리를 꺼낼 것이오. 이것을 보면 돌로 변하니 꼭 눈을 감으시오. 절대로 눈을 떠서는 안 되오.”

“알겠어요.”

페르세우스는 안드로메다에게 단단히 다짐을 받았습니다. 그런 다음 사람들을 향해 큰 소리로 외쳤습니다.

“지금부터 내 편인 사람은 모두 눈을 감고 고개를 돌리시오! 그러지 않으면 이 자리에서 돌이 될 것이오.”

페르세우스는 마법 자루를 열고 메두사의 머리를 꺼내 높이 치켜들었습니다. 페르세우스를 믿는 자들은 얼른 눈을 감고 고개를 돌렸습니다.

메두사의 머리를 꺼내 든 페르세우스

〈페르세우스와 메두사〉 세바스티아노 리치

페르세우스는 수많은 병사가 달려들자, 마법 자루에서 메두사의 머리를 꺼내 들어요. 오른쪽 구석에 페르세우스를 해치려고 달려들다가 그대로 돌로 굳어 버린 병사들의 모습이 보여요.

피네우스의 병사들은 페르세우스의 말에 코웃음을 쳤습니다.

"그런 장난에 누가 속을 줄 아느냐!"

하지만 페르세우스의 손에 메두사의 머리가 들려 있는 것을

본 순간, 그들은 모두 돌로 변해 버렸습니다.

"으아악!"

한 병사는 창을 던지려다가 창을 겨눈 채로 돌이 되었습니다. 또 어떤 병사는 쓰러진 자의 몸을 칼로 찌르려던 자세 그대로 돌이 되었습니다. 소리를 지르며 달려오던 사람은 입을 벌린 채로 그대로 굳어 돌이 되었습니다.

하지만 안타깝게도 페르세우스의 편이지만 돌이 된 사람도 있었습니다. 싸우다가 자기도 모르게 메두사의 얼굴을 보고 몸이 굳어 버린 것입니다.

피네우스의 병사를 칼로 치려던 사람은 칼에서 쨍 소리가 나 놀라서 주위를 둘러보다가 메두사 머리를 보고 그대로 돌이 되기도 했습니다.

피네우스는 약삭빠르게도 페르세우스가 외치는 말을 듣고 눈을 감았습니다. 싸움 소리가 멈추자 피네우스는 이상하게 여겨 눈을 감은 채 더듬더듬 걸어 나왔습니다.

"왜 싸움을 멈춘 게냐? 부하들아, 어서 대답하라!"

하지만 아무도 대답하지 않았습니다. 피네우스는 발에 단단한 것이 부딪히자 더듬더듬 만져 보더니 깜짝 놀랐습니다.

"아니, 이게 어떻게 된 일이지? 진짜 돌로 변하다니……."

피네우스는 벌벌 떨면서 그 자리에 엎드려 빌었습니다.

"페르세우스 님, 제가 잘못했습니다. 무엇이든 따르겠습니다. 대신 목숨만은 살려 주십쇼."

피네우스는 두 손을 모아 싹싹 빌었습니다. 겁에 질린 얼굴로 두 눈은 여전히 감은 채였습니다.

페르세우스는 그 모습에 화가 치밀었습니다.

"피네우스, 너는 정말 비겁하구나! 네 부하들은 너 때문에 돌이 되었는데, 너는 혼자서 살려고 하다니."

피네우스는 그저 살려 달라는 말만 되풀이했습니다.

페르세우스는 메두사의 머리를 든 채로 말했습니다.

"비겁자여, 그렇다면 너에게 은혜를 베풀어 주겠다. 이제부터는 어떤 무기도 네 몸을 다치게 하지 못할 것이다. 너를 돌로 만들어 버릴 테니까!"

페르세우스는 메두사의 머리를 피네우스의 얼굴 가까이 바짝 들이댔습니다.

“으아아악!”

피네우스는 겁에 질린 얼굴 그대로 돌이 되고 말았습니다.

“자, 이제 모두 눈을 떠도 좋소.”

페르세우스는 메두사의 머리를 자루에 집어넣고 말했습니다.

“아아, 페르세우스. 이제 모든 게 끝났어요! 다행이에요.”

겁에 질려 있던 안드로메다가 페르세우스에게 안겼습니다.

그러나 페르세우스의 얼굴은 굳어 있었습니다.

“안드로메다. 문제가 생겼소. 눈을 감으라고 일렀건만 다들 정신이 없어서 죄 없는 사람들까지 돌이 되고 말았소. 게다가 당신의 부모님까지 돌이 되고 말았소.”

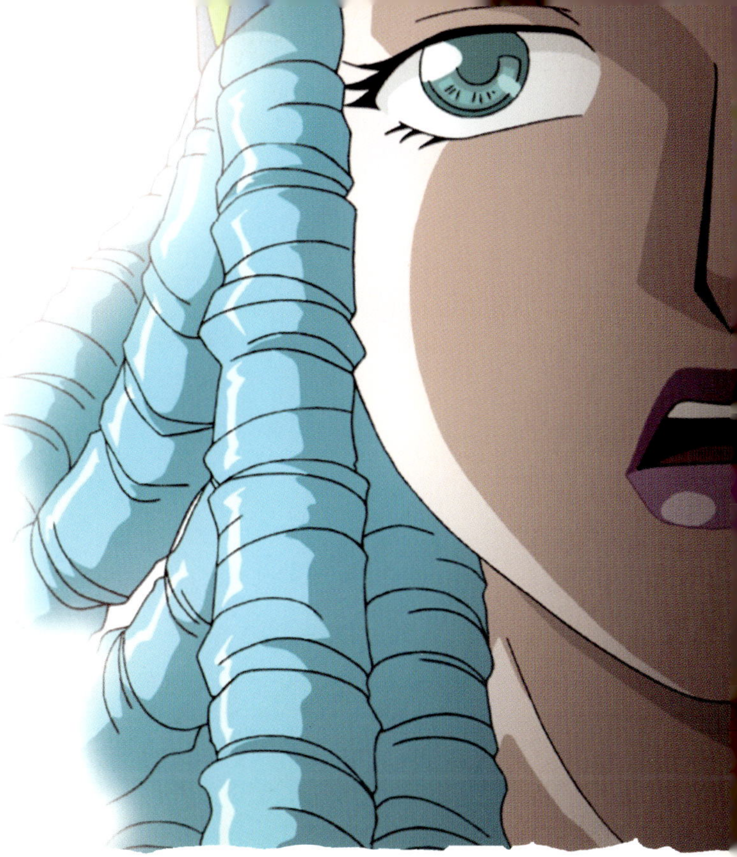

그 말에 뒤를 돌아본 안드로메다는 소스라치게 놀랐습니다.

"안 돼! 아버지, 어머니! 안 돼요, 왜 눈을 감지 않으셨어요!"

안드로메다는 이미 단단한 돌이 되어 버린 부모님을 안고 흐느꼈습니다.

그때였습니다. 안드로메다의 눈앞에 환한 빛이 쏟아지더니 사람의 형상이 나타났습니다. 삼지창을 든 바다의 신, 포세이돈이었습니다.

"안드로메다. 네 어머니의 지나친 자만심과 신을 무시하는 태도를 꾸짖기 위해 내가 바다 괴물을 보내 벌을 내렸다. 하지만 페르세우스가 와서 괴물을 해치우고 너를 구했다. 나의 벌은

이것으로 충분하다고 생각한다.”

포세이돈은 돌이 된 왕과 왕비를 보며 말을 이었습니다.

“돌이 된 네 어머니와 아버지를 다시 살려 낼 방법은 없다. 하지만 네가 무척 슬퍼하니 하늘의 별로 만들어 주겠다.”

포세이돈은 돌을 향해 손을 뻗었습니다. 그러자 단단한 돌덩이에서 환한 빛이 뻗어 나왔습니다. 빛 속에는 케페우스 왕과 카시오페이아 왕비가 보였습니다.

"안드로메다야, 너에게 많은 고생을 시켜 미안하구나. 우리 걱정은 말고 이제 부디 행복하게 살아라."

카시오페이아 왕비는 안드로메다를 바라보며 다정스레 말했습니다.

"사랑스러운 내 딸아. 페르세우스를 믿고 따르며 잘 살아라. 우리는 하늘에서 언제나 너희를 지켜보겠다."

케페우스 왕도 작별 인사를 했습니다.

"아버지, 어머니."

안드로메다의 눈에서 눈물이 흘렀습니다. 페르세우스는 안드로메다를 감싸 안아 주었습니다.

카시오페이아 왕비는 별이 되어 밤하늘에 박혔습니다. 하지만 잘못에 대한 벌로 하루의 반 동안은 거꾸로 매달리게 되었습니다. 그래서 카시오페이아 별자리는 하루의 절반 동안에는 거꾸로 빛난답니다.

고대 그리스의 천문학

그리스 사람들은 별자리에 관심이 많았어요. 수많은 별의 모양을 관찰하고 별의 모양에 따라 별자리를 만들어 냈어요. 또 별자리에 이름을 붙이고, 별자리에 얽힌 이야기도 만들어 냈지요. 그리스 사람들은 단순히 별자리 이야기를 꾸며 내기만 한 것이 아니라 실제로 별자리와 같은 천문학을 깊이 연구했다고 해요. 이것은 오늘날 우주 과학의 기초가 되었답니다.

페르세우스는 안드로메다와 에티오피아 왕국에 머무르며 며칠 쉰 뒤, 떠날 채비를 했습니다.

"안드로메다, 나와 함께 어머니가 계시는 세리포스 섬에 갑시다."

페르세우스는 안드로메다와 함께 고향으로 향했습니다.

3
어머니에게 돌아가다

"하하하, 거짓말하지 마라.
네까짓 게 어떻게 메두사의 머리를 벨 수 있단 말이냐!"
폴리덱테스 왕은 페르세우스의 말을 믿지 않았습니다.

며칠이 흘러 페르세우스는 안드로메다와 함께 세리포스 섬에 도착했습니다. 두 사람은 집으로 달려갔습니다.

"어머니, 제가 돌아왔어요!"

하지만 어디에도 어머니의 모습은 보이지 않았습니다. 페르세우스가 온 것을 보고 이웃들이 몰려왔습니다.

"페르세우스, 죽은 줄 알았는데 무사히 돌아왔구나!"

"어쩌면 좋니. 어서 가서 네 어머니를 구해 오렴!"

이웃 사람들이 입을 모아 말했습니다. 페르세우스는 놀랐습니다.

“뭐라고요? 어머니는 도대체 어디 있는 거죠?”

사람들은 그동안 폴리덱테스 왕이 다나에를 얼마나 괴롭혔는지 말해 주었습니다.

“네가 떠난 뒤 다나에가 얼마나 힘들었는지 아니?”

“한참 동안이나 지하 감옥에 가둬 놓고 먹을 것도 안 주고는, 방금 또 어딘가로 데리고 갔다더라.”

“감히 어머니를…… . 가만두지 않겠다!”

페르세우스는 이를 악물며 주먹을 불끈 쥐었습니다.

페르세우스는 안드로메다를 데리고 당장 폴리덱테스 왕을 찾아갔습니다.

폴리덱테스 왕은 페르세우스를 보고 깜짝 놀랐습니다.

"아니, 너는 페르세우스가 아니냐? 어떻게 살아 돌아온 거지?"

다른 사람들도 페르세우스를 보고 놀라기는 마찬가지였습니다.

페르세우스는 왕에게 말했습니다.

"여기 메두사의 머리를 베어 가지고 왔소! 당신이 바라던

메두사의 머리 말이오!"

"하하하, 거짓말하지 마라. 네까짓 게 어떻게 메두사의 머리를 벨 수 있단 말이냐!"

폴리덱테스 왕은 페르세우스의 말을 믿지 않았습니다.

"그렇다면 직접 보여 줄 수밖에 없겠군. 이걸 보면 돌이 된다는 것을 잊지 마시오."

"끝까지 우기는군. 어디 한 번 꺼내 봐라!"

페르세우스는 안드로메다에게 *당부했습니다.

"눈을 꼭 감으시오."

안드로메다는 고개를 끄덕였습니다.

페르세우스는 마법 자루를 열며 외쳤습니다.

"내 말을 믿는 이들은 모두 고개를 돌리시오!"

그러고는 메두사의 머리를 꺼내 높이 쳐들었습니다.

비웃던 폴리덱테스 왕은 순식간에 돌이 되었습니다. 페르세우스를 비웃던 사람들도 마찬가지였습니다.

"내 말을 믿지 않더니……."

페르세우스는 메두사의 머리를 얼른 자루에 담고는 어머니를 찾아냈습니다.

"페르세우스! 네가 무사히 돌아오다니, 정말 장하구나!"

다나에는 아들을 보고 환하게 웃었습니다. 게다가 아름다운 안드로메다까지 함께 온 것을 보고 더 기뻐했습니다.

*당부 말로 단단히 부탁함. 또는 그런 부탁.

메두사 머리를 들고 있는 페르세우스

〈메두사의 머리를 들고 있는 페르세우스〉 벤베누토 첼리니

페르세우스가 왼손에 메두사의 머리를 들고 있어요. 오른손에는 커다란 아레스의 칼을 들고 있지요.

폴리덱테스 왕이 돌이 되었다는 소식을 듣고 사람들은 기뻐하며 환호성을 질렀습니다.

"우리를 괴롭히던 왕이 사라졌다!"

"페르세우스, 만세!"

그동안 멋대로 섬을 다스리던 폴리덱테스 왕 때문에 다들 고생했던 것입니다.

얼마 뒤, 페르세우스는 안드로메다와 결혼식을 올렸습니다.

사람들은 두 젊은이에게 큰 축복이 내리길 빌었습니다.

4
달아난 왕

"뭐라고? 다나에가 온다고?

그것도 아들 페르세우스를 데리고?"

아크리시오스 왕의 등줄기에서 식은땀이 흘렀습니다.

다나에는 페르세우스가 돌아온 뒤로 행복한 시간을 보냈습니다. 하지만 마음 한구석에는 고향 아르고스를 향한 그리움이 여전히 남아 있었습니다.

“아버지는 어떻게 지내고 계실까.”

다나에는 아버지가 보고 싶었습니다. 신탁을 피하기 위해 딸을 탑에 가두고, 또 딸과 손자를 상자에 태워 바다로 보낸 아버지이지만, 그래도 그리웠습니다. 다나에는 멀리 바다를 바라보며 슬픔에 잠기곤 했습니다.

페르세우스는 그 모습을 가만히 지켜보았습니다. 고향을 그리

워하며 눈물짓는 어머니가 안타까워서, 어머니에게 다가가 말했습니다.

"어머니, 그럼 우리 아르고스로 돌아가요."

다나에는 페르세우스가 마음을 알아주어 고마웠습니다. 또 고향으로 돌아갈 생각을 하니 무척 기뻤습니다. 하지만 한편 걱정도 되었습니다. 아들 페르세우스에게 신탁에 대해 아직 이야기해 주지 못 했기 때문입니다.

페르세우스는 배를 한 척 마련하고 고향으로 돌아갈 채비를 서둘렀습니다. 드디어 세 사람은 아르고스를 향해 *돛을 올렸습니다.

다나에는 가족들을 만날 생각에 들떴습니다.

"지금도 예전 모습 그대로일까? 세월이 지났으니 많이 늙으셨겠지. 이젠 아버지가 우릴 반겨 주실까?"

며칠이 흘러 배는 아르고스에 도착했습니다. 다나에가 아들 페르세우스 부부와 함께 아르고스에 왔다는 소문이 금세 퍼졌습니다.

*돛 바닥에 세운 기둥에 매어 펴 올리고 내리고 할 수 있도록 만든 넓은 천.

궁궐에서 그 소식을 들은 아크리시오스 왕은 깜짝 놀랐습니다.

"뭐라고? 다나에가 왔다고? 그것도 아들 페르세우스를 데리고?"

아크리시오스 왕의 등줄기에 식은땀이 흘렀습니다. 신탁대로 다나에의 아들이 자기를 죽일 것 같아 두려웠습니다.

"이렇게 죽을 수는 없다!"

아크리시오스 왕은 부리나케 뒷문으로 도망쳤습니다.

다나에와 페르세우스 부부가 왕을 만나러 궁전에 왔습니다. 하지만 아크리시오스 왕은 이미 멀리 달아난 뒤였습니다.

"아버지, 그렇게 보고 싶었는데……."

다나에는 안타까워 눈물을 흘렸습니다.

궁에 있던 사람들은 다나에가 살아 돌아온 것을 보고 깜짝 놀랐습니다. 또 페르세우스가 늠름한 젊은이로 자라 예쁜 아내와 함께 온 것을 보고 기뻐했습니다. 모두 이 세 사람을 따뜻하게 맞아 주었습니다.

5
예언대로 이루어지다

활발하고 모험을 즐기는 페르세우스는
어느 날 운동 경기 대회를 열었습니다.
페르세우스도 경기에 나가 힘차게 원반을 던졌습니다.

페르세우스가 영웅이라는 소문이 나라 안에 금세 퍼졌습니다.

"그 무시무시한 메두사의 목을 베었대."

"바다 괴물을 죽이고 안드로메다 공주님도 구한 거래요!"

"정말 대단한 영웅이야!"

사람들은 만나기만 하면, 페르세우스가 얼마나 뛰어난지 이야기꽃을 피웠습니다.

어느 날, 영웅을 환영하는 잔치가 벌어졌습니다. 사람들은 즐겁게 먹고 마시며 페르세우스를 칭송했습니다.

왕의 신하들이 다가와 페르세우스 앞에 머리를 숙였습니다.

"페르세우스 님, 당신은 왕의 외손자인데다가 나무랄 데 없이 뛰어난 영웅입니다. 그러니 우리 아르고스를 다스려 주십시오."

페르세우스는 그 뜻을 받아들였습니다.

페르세우스가 세운 도시 미케네

고대 그리스의 미케네는 '황금빛 찬란한 도시'라고 불릴 만큼 살기 좋은 도시였어요. 계곡에 자리 잡아 적의 공격을 막기 좋았고, 맑은 샘물이 흐르고 농사짓기에도 좋은 땅이었지요. 미케네에는 훌륭한 건축물과 미술품이 많이 남아 있답니다.

페르세우스는 아르고스의 젊은 왕이 되었습니다.

활발하고 모험을 즐기는 페르세우스는 어느 날 운동 경기 대회를 열었습니다. 페르세우스도 경기에 나가 힘차게 원반을 던졌습니다. 그런데 그 원반이 관중석까지 날아가 한 사람을 맞추고 말았습니다.

모두 달려가 보니 원반에 맞은 사람은 죽어 있었고, 그 사람은 놀랍게도 아크리시오스 왕이었습니다. 아크리시오스 왕은 외손자의 손에 죽을 것이라는 신의 예언을 피하려고 왕의 자리까지 버리고 도망쳤지만, 결국 외손자가 던진 원반에 맞아 세상을 떠났습니다.

다나에는 아버지의 슬픈 운명을 생각하며 울었습니다. 페르세

고대 그리스의 운동 경기

고대 그리스 사람들은 운동 경기를 좋아했어요. 그 옛날에 올림픽 경기를 벌인 것만 봐도 알 수 있지요. 올림픽이 열릴 때면 엄청나게 많은 사람이 몰려들었다고 해요. 고대 올림픽에서는 처음에는 단거리 달리기만 하다가 차츰 중거리, 장거리 달리기 시합도 했어요. 그러다 나중에는 복싱, 레슬링, 원반 던지기, 창 던지기, 전차 경주까지 했지요. 그중에서도 원반 던지기는 인기 종목 중 하나였다고 해요. 그러나 고대 올림픽 경기에는 남자들만 참가할 수 있었고, 시민권을 가진 사람들만 구경할 수 있었어요.

우스는 죄책감을 견디지 못 하고, 이웃 나라 티린스의 왕과 나라를 바꿔 다스리기로 했습니다.

세월이 흘러 다나에도, 페르세우스와 안드로메다도 세상을 떠났습니다. 오래도록 서로 사랑했던 페르세우스와 안드로메다는 나란히 밤하늘의 별자리가 되었답니다.

신화 OLYMPUS GUARDIAN 뒷이야기

페르세우스의 모험 이야기에는 운명이 드러나 있습니다. 아크리시오스 왕은 외손자의 손에 죽을 것이라는 운명을 피하고자 딸을 탑에 가두고, 딸과 외손자를 바다에 버리기까지 합니다. 자신이 살기 위해서였죠. 하지만 결국 신의 예언대로 외손자의 손에 목숨을 잃습니다. 그것도 원한이 쌓여 싸움을 벌이다 죽는 것이 아니라, 페르세우스가 던진 원반에 운 나쁘게 맞아 죽은 겁니다.

왜 원반은 아크리시오스 왕을 향해 날아갔을까요? 거기에는 운명은 아무리 피하려고 해도 피할 수 없다는 옛사람들의 생각이 깔려 있습니다. 외손자가 온다는 소식에 왕의 자리까지 버리고 달아났지만, 결국 예언대로 죽음을 맞이했으니까요.

어쩌면 시작 부분에 나온 예언을 실현하기 위해 덧붙인 이야기일 수도 있습니다. 그 예언 때문에 엄청난 짓을 저질렀는데, 예언대로 되지 않으면 그만큼 예언의 힘이 가벼워지니까요.

포세이돈의 명령으로 바다 괴물이 쳐들어왔을 때도 마찬가지입니다. 두려움에 떠는 사람들에게 예언자는 안드로메다 공주를 제물로 바치라고 합니다. 왜 꼭 안드로메다 공주여야만 했을까요?

그것은 바로 페르세우스가 그 길을 지나가기 때문입니다. 메두사도 물리친 영웅, 신들의 보호를 받는 영웅이 안드로메다 공주에게 반해 도와준다면 바다 괴물을 물리칠 수 있겠지요. 공주가 아니었다면 페르세우스도 에티오피아에 어떤 일이 생긴 줄도 모르고 그냥 지나쳤을 것입니다.

이처럼 신화에 나오는 예언들은 놀랍거나 충격적인 것들이 많은데, 그것은 모두 이야기가 풀리는 실마리가 된답니다.

올림포스 신들의 계보

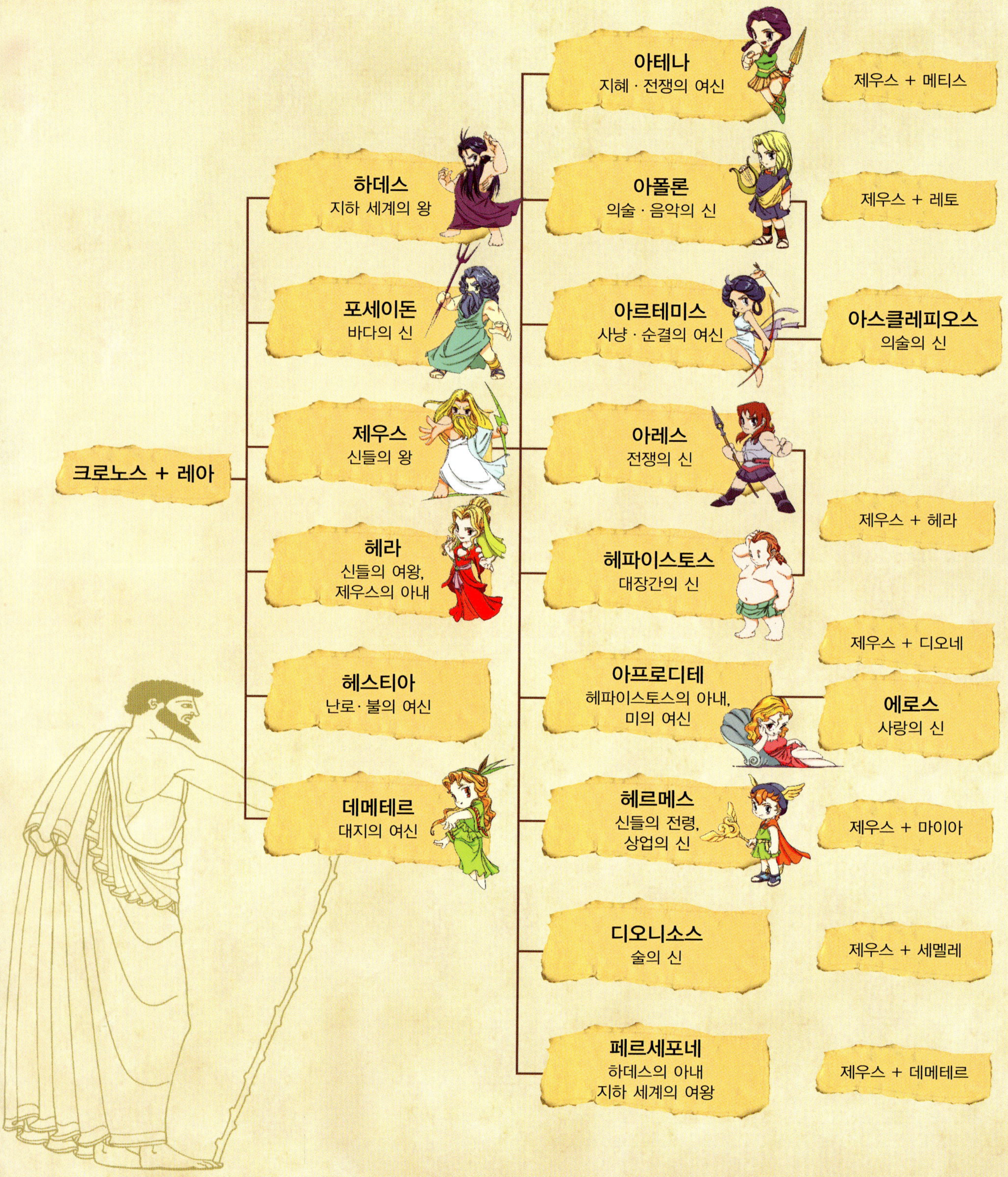

크로노스 + 레아
하데스
지하 세계의 왕
포세이돈
바다의 신
제우스
신들의 왕
헤라
신들의 여왕,
제우스의 아내
헤스티아
난로 · 불의 여신
데메테르
대지의 여신
아테나
지혜 · 전쟁의 여신
제우스 + 메티스
아폴론
의술 · 음악의 신
제우스 + 레토
아르테미스
사냥 · 순결의 여신
아스클레피오스
의술의 신
아레스
전쟁의 신
제우스 + 헤라
헤파이스토스
대장간의 신
제우스 + 디오네
아프로디테
헤파이스토스의 아내,
미의 여신
에로스
사랑의 신
헤르메스
신들의 전령,
상업의 신
제우스 + 마이아
디오니소스
술의 신
제우스 + 세멜레
페르세포네
하데스의 아내
지하 세계의 여왕
제우스 + 데메테르

⚜ 그리스 로마 신화 주요 인물의 이름 ⚜

그리스 어	로마 어	영어
가이아	텔루스	
니케	빅토리아	나이키, 빅토리
데메테르	케레스	세레스
디오니소스	바쿠스	바커스
레아	키벨레	시벨레
아레스	마르스	마스
아르테미스	디아나	다이애나
아테나	아테네, 미네르바	
아폴론	아폴로	아폴로
아프로디테	베누스	비너스
에로스	쿠피드, 아모르	큐피드
오디세우스	울릭세스	율리시스
우라노스	카일루스	유러너스
제우스	유피테르	주피터
크로노스	사투르누스	새턴
페르세포네	프로세르피나	
포세이돈	넵투누스	넵튠
하데스	플루톤	플루토
헤라	유노	주노
헤라클레스	헤르쿨레스	허큘리스
헤르메스	메르쿠리우스	머큐리
헤스티아	베스타	
헤파이스토스	불카누스	벌컨

그리스 로마 신화 올림포스 가디언 22

페르세우스의 마지막 모험

펴낸이 양원석
펴낸곳 (주)알에이치코리아
등록 2004년 1월 15일 제2-3726호
주소 서울특별시 금천구 가산디지털2로 53, 20층 (한라시그마밸리)
문의전화 02)6443-8800

ISBN 978-89-255-4426-7(74800)
ISBN 978-89-255-4354-3(세트)

값 12,800원

원작 만화로 보는 그리스 로마 신화(가나출판사)
이광진 엮음, 홍은영 그림
명화 구입처 유로크레온(주)

※잘못된 책은 구입하신 곳에서 바꾸어 드립니다.
※책 모서리가 날카로워 다칠 수 있으니 사람을 향해 던지거나 떨어뜨리지 마십시오.